16 mars 1854.

CATALOGUE
D'UNE
JOLIE COLLECTION
DE
TABLEAUX
ANCIENS,
DES DIVERSES ÉCOLES,
ARRIVANT DE L'ÉTRANGER,

DONT LA VENTE AURA LIEU

HOTEL DES COMMISSAIRES-PRISEURS,
RUE DROUOT, N. 5,
Salle n° 2, au premier étage.

LE JEUDI **16 MARS 1854**, HEURE DE MIDI,

Par le ministère de Me **RIDEL**, Commissaire-Priseur,
rue Saint-Honoré, 338,

Assisté de M. **FERDINAND LANEUVILLE**, Expert,
rue Neuve-des-Mathurins, 73,

Chez lesquels se distribue le présent Catalogue.

EXPOSITION PUBLIQUE

Le Mercredi 15 Mars 1854, de midi à cinq heures.

Exemplaire de Beurdeley père

PARIS
MAULDE & RENOU,
IMPRIMEURS DE LA COMPAGNIE DES COMMISSAIRES-PRISEURS,
Rue de Rivoli, 144.

1854

CONDITIONS DE LA VENTE.

La vente se fera au comptant.// 5 pour 100 en sus des enchères applicables aux frais.

AVERTISSEMENT.

Nous croyons devoir avertir le public que les Tableaux que nous sommes chargés de vendre nous ont été envoyés de l'étranger, avec recommandation expresse de ne rien changer aux attributions sous lesquelles ils ont été acquis précédemment; en conséquence, nous prions messieurs les amateurs de vouloir bien rectifier eux-mêmes les erreurs qui pourraient avoir été commises.

DÉSIGNATION

DES TABLEAUX.

BACKUISEN.

1 — Temps calme. De nombreuses barques de pêcheur se disposent à partir.

DU MÊME.

2 — Mer houleuse. Des voyageurs s'embarquent pour rejoindre un vaisseau à l'ancre à quelque distance du rivage.

BALEN (Van).

3 — Le baptême de Jésus-Christ.

BALTARD.

4 — Vue d'Italie. Encre de Chine.

BEERSTRATEN.

5 — Prise d'une forteresse de Douvres par l'escadre hollandaise.

BERGHEN (Van).

6 — Des bergers gardent leur troupeau près d'une ruine.

BERGHEM.

7 — Un paysan, et une paysanne portant dans ses bras un enfant, chassent devant eux une vache, un âne et une chèvre.

BERGHEM (Genre).

8 — Près d'une ferme des paysans gardent un troupeau de vaches.

BONNINGTON (D'après).

9 — Plage à marée basse.

BOUCHER.

10 — Tête d'enfant.

DU MÊME.

11 — Chasse au cerf.

DU MÊME.

12 — Chasse au lion.

BOUCHER (École).

13 — Annonciation.

BRAUWER.

14 — Un buveur.

BRECKLENCAMP.

15 — Intérieur de cordonnier.

BREUGHEL.

16 — La partie de campagne.

BREUGHEL.

17 — Saint George terrassant le dragon.

BREYDEL.

18 — Choc de cavalerie.

DU MÊME

19 — Même sujet.

CARRACHE.

20 — Un ermite en méditation.

CARRACHE (ANNIBAL).

21 — Mise au tombeau; un ange tient un des clous de la croix.

CHARPENTIER.

22 — La blanchisseuse chez un jeune homme

CORRAZA.

23 — Paysage.

CUYP (Albert).

24 — Deux cavaliers.

DEHEEM.

25 — Homard, huîtres, citron et divers fruits, posés sur une table.

DU MÊME.

26 — Un homard, des fruits, un citron et quelques autres accessoires posés sur une table.

DENNER.

27 — Tête de vieille femme.

DESPORTES.

28 — Combat de sanglier et de chiens.

DIETRICH.

29 — Ruines de monuments antiques; effet de soleil couchant.

DROLLING (Genre).

30 — Une laiterie.

DYCK (Van).

31 — La Madeleine. (Collection de Mme du Cayla.)

DYCK (d'après Van).

32 — L'Enfant Jésus assis sur les genoux de sa mère reçoit des fruits que lui offre saint Jean; placé près d'eux saint Joseph les contemple.

EPINAL.

33 — Vue d'Italie.

DU MÊME.

34 — Vue d'une ruine.

FALENS (Van).

35 — Des Chasseurs arrêtés près d'une ferme pour se rafraîchir.

DU MÊME.

36 — Des Seigneurs tenant leurs chevaux par la bride font l'aumône à quelques mendiants.

FRAGONARD.

37 — Sujet allégorique.

FRANCK.

38 — Le Festin de Balthazar.

GIRODET.

39 — Paysage historique.

GREUZE (J.-B.).

40 — Jeune fille la tête couverte d'un voile qu'elle écarte d'une main.

DU MÊME.

41 — Jeune fille en prière.

GREUZE.

42 — Le Retour.

GUIDE.

43 — Un enfant endormi.

DU MÊME.

44 — L'Enfant Jésus endormi.

HARDIMÉ.

45 — Tableau de fleurs.

DU MÊME.

46 — Même sujet.

HEMSKERCK.

47 — Tabagie.

DU MÊME.

48 — Intérieur flamand.

HICKENS, peintre anglais.

49 — Fruits et fleurs sur une table de marbre au pied d'un riche vase doré.

DU MÊME.

50 — Pendant du précédent. Fruits et fleurs, quelques roses dans un vase de marbre sculpté.

HUYSMANS DE MALINES.

51 — Paysage : sur le devant des pêcheurs retirant leurs filets de l'eau.

JARDIN (Karel du).

52 — Un pâtre conduisant un troupeau de vaches.

JOUVENET.

53 — Sujet tiré de l'histoire grecque.

KABEL (Van der).

54 — Marine, temps calme. Un vaisseau lançant le signal du départ.

DU MÊME.

55 — Mer calme. Elle est chargée de barques de pêcheurs.

LANCRET.

56 — Un jeune homme est appuyé contre un arbre, et joue de la musette, quelques jeunes femmes sont près de lui et l'écoutent.

LEDUC.

57 — Dans un intérieur, des hommes et des femmes richement vêtus font de la musique.

LESUEUR.

58 — Présentation au Temple.

LIGORIO (Pierre).

59 — Présentation au peuple.

LINGELBACK.

60 — Des paysans sont rassemblés devant une chaumière, des chasseurs viennent s'y reposer.

LORRAIN (Claude).

61 — Importante composition : de hautes montagnes dans la vapeur bordent l'horizon, à droite, au second plan, un massif de verdure au dessus d'énormes rochers. Le devant du tableau est occupé par un pâtre qui joue du chalumeau en gardant son troupeau ; l'effet est pris un peu avant le lever du soleil.

DU MÊME.

62 — Paysage. Soleil levant.

LOUTHERBOURG.

63 — Des paysans se sont arrêtés pour prendre leur repas ; l'un d'eux cherche à embrasser une jeune fille.

DU MÊME.

64 — Des paysans arrangeant une vigne sur le mur d'une chaumière.

DU MÊME.

65 — Troupeau de moutons effrayé par l'orage.

DU MÊME.

66 — Des animaux se dirigent vers un courant d'eau qui coule près d'une ruine. Riche composition.

MALLET.

67 — Un jeune Seigneur est assis près d'une table, le bras passé autour de la taille d'une jeune femme appuyée contre un lit, il tient de l'autre main une mandoline ; deux enfants jouent près d'une cheminée.

MARINARI (Onorio).

68 — Jeune fille tenant un agneau.

MEER (Van der).

69 — Animaux au repos.

MEROOT (Van der).

70 — Bataille.

METSYS (Quintin).

71 — L'usurier.

MEUNIER.

72 — Vue d'un parc.

MIEL (Jean).

73 — Halte des Bohémiens dans une ruine.

DU MÊME.

74 — Un cavalier fait l'aumône à un mendiant.

MIELLAN (de Lyon).

75 — Un homme et une jeune fille pleurant près d'un lit.

MIERIS (F.).

76 — Une jeune Flamande appuyée sur une table tenant à la main un cahier de musique.

MOLENAERT.

77 — Kermesse. Remarquable par la richesse et la variété de sa composition.

MURILLO.

78 — La Vierge et l'Enfant-Jésus.

MURILLO (École).

79 — Le marchand de volailles.

DU MÊME.

80 — Le marchand d'œufs.

DU MÊME.

81 — Un homme tenant un chien.

DU MÊME.

82 — Un mendiant.

NEER (Eglon von der), 1675.

83 — Deux jeunes femmes richement vêtues et suivies d'un nègre se disposent à descendre un escalier qui conduit à un parc. L'une d'elles tient des fruits.

NETSCHER.

84 — Un messager apporte une lettre à une dame assise dans son appartement; elle est vêtue d'une robe de satin blanc.

OSTADE (D'après).

85 — Un fumeur.

PETERS.

86 — Une tempête (Collection du maréchal Soult).

PINAKER.

87 — Paysage baigné d'une rivière : près du rivage stationnent quelques barques chargées de marchandises.

POELEMBOURG (C.).

88 — Des Nymphes se disposent à se baigner ; sur le rivage, l'une d'elles s'est endormie couchée sur quelques draperies.

POUSSIN.

89 — Jésus servi par des Anges.

POUSSIN (Genre du).

90 — La Samaritaine.

REMBRANDT.

91 — Portrait d'une femme juive, elle est vue de profil, ses deux mains sont appuyées sur une table, sa tête est ornée d'un turban.

REMBRANDT (Genre de).

92 — Adoration des Bergers.

DU MÊME.

93 — Les saintes femmes et l'ange au tombeau de Jésus-Christ.

REYNOLDS.

94 — Jeune homme tenant un nid.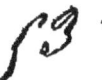

ROTTHENAMER,

95 — Diane et Actéon.

RUBENS.

96 — Le départ de Loth. (Collection du comte de Turenne.

DU MÊME.

97 — Une Chasse.

RUBENS (D'après).

98 — Le Jugement de Pâris.

RUISDAEL (J.).

99 — Paysage. Sur le devant un cavalier suivi par une femme.

SCHAL.

100 — Le Lever.

SCHELFOOT.

101 — Vue de Hollande, effet d'hiver.

SNEYDERS.

102 — Combat d'un ours contre des chiens.

STEEN (J.).

103 — Intérieur de Musico.

SWAGERS (Figure de M. Rhoen père).

104 — Route à travers un bois, une charrette et des paysans la traversent.

SWEBACK.

105 — Passage d'armée.

TÉNIERS (École de).

106 — Tentation de saint Antoine.

THIELLEN (Van).

107 — Riche bouquet de fleurs.

DU MÊME.

108 — Pendant du précédent.

TIEPOLO.

109 — Prédication.

TITIEN (Copie).

110 — Portrait d'Alphonse d'Avalos et de sa maîtresse.

VALENTIN.

111 — Un concert.

VELASQUEZ.

112 — Un buveur.

VELDE (Guillaume Van Den).

113 — Mer calme couverte de nombreux vaisseaux. Sur le premier plan quelques hommes cherchent des moules.

VELDE (Adrien Van Den).

114 — Près d'une mare un jeune pâtre joue de la flûte en gardant un troupeau, quelques vaches se désaltèrent dans une mare, et une femme s'y lave les pieds.

VERNET (J. 1764).

115 — Ce magnifique tableau provenant de l'ancienne collection Boursault, représente sur le premier plan, un navire battu par la tempête, échoué sur les rochers qui bordent la plage. On s'empresse de secourir les naufragés qui ont pu échapper à la fureur des flots; le

tonnerre gronde, le ciel est en feu ; on aperçoit dans le lointain des navires qui, malgré la tempête, s'efforcent de gagner le port.

DU MÊME (1771).

116 — Marine. Entrée d'un port, effet de brouillard.

DU MÊME.

117 — Près d'un phare au bout d'une jetée, un vaisseau est à l'ancre, sur le premier plan des matelots font leur provision d'eau.

DU MÊME.

118 — Près d'une rivière qui se précipite en cascades sur des rochers, des paysans viennent tendre leurs filets, au dernier plan un aqueduc et quelques fabriques.

DU MÊME.

119 — Marine. Effet de soleil couchant.

DU MÊME.

120 — Entrée d'un port. Effet de soleil couchant.

VERNET (J.).

121 — Port de mer.

VÉRONÈSE (D'après Paul).

122 — Les Noces de Cana.

VINCI (D'après Léonard).

123 — Deux jeunes enfants s'embrassant.

WATTEAU.

124 — Danse champêtre, ovale.

Du même.

125 — Conversation dans un parc, ovale.

Du même.

126 — Deux petites têtes faisant pendant.

WEENIX (Genre de).

127 — Lièvre, Perdrix et attributs de chasse.

WOUWERMANS (Pierre).

128 — Traîneaux sur la glace.

WOUWERMANS (D'après).

129 — Retour de chasse.

ÉCOLE ITALIENNE.

130 — Hercule et Omphale.

ÉCOLE ESPAGNOLE.

131 — Magistrat délivrant un passeport.

ÉCOLE FRANÇAISE.

132 — Vénus endormie surprise par des Satyres.

Du même.

133   Amphitrite.

ÉCOLE FRANÇAISE.

134 — Portrait de jeune femme.

ÉCOLE MODERNE.

135 — Poule et Coq.

INCONNU.

136 — Intérieur de cloître, effet de clair de lune.

INCONNU.

137 — Vue de Lyon, aquarelle.

INCONNU.

138 — L'Annonciation, deux tableaux.

INCONNU.

139 — Jésus-Christ portant sa croix.

INCONNU.

140 — Sainte Marie Égyptienne.

INCONNU.

141 — Loth et ses filles.

INCONNU.

142 — Sainte Thérèse.

INCONNU.

143 — Saint Laurent.

ÉCOLE FRANÇAISE.

144 — Les Vendeurs chassés du temple.
145 — Sous ce numéro seront vendus quelques bons tableaux dont la remise tardive ne nous a pas permis l'insertion au présent Catalogue.

www.ingramcontent.com/pod-product-compliance
Lightning Source LLC
Chambersburg PA
CBHW030110230526
45471CB00003B/1354